LARANJA ● ORIGINAL

Tradução de
Alexandre Barbosa de Souza
Eduardo Brigagão Verderame
Ilustrações de Gosia Bartosik

Lewis Carroll

Caça ao Esnarque
Uma agonia em 8 surtos

1ª edição | São Paulo, 2016

LARANJA ● ORIGINAL

1 Primeiro surto
O desembarque, **15**

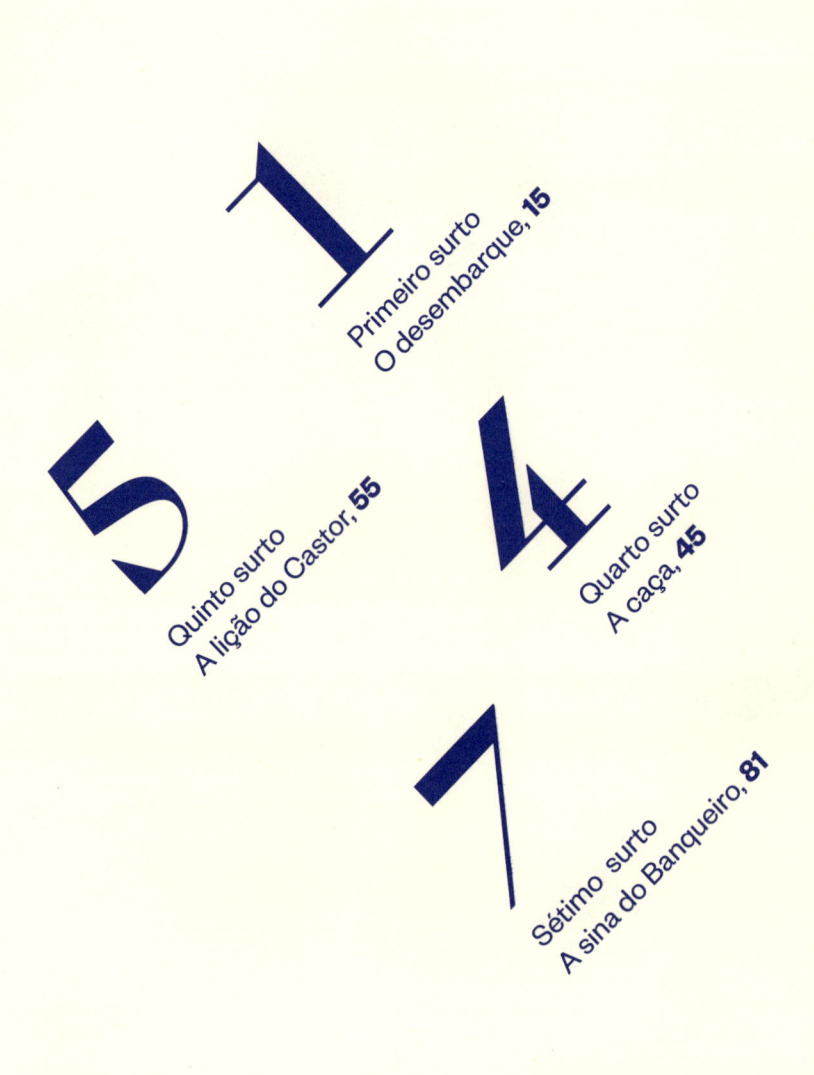

5 Quinto surto
A lição do Castor, **55**

4 Quarto surto
A caça, **45**

7 Sétimo surto
A sina do Banqueiro, **81**

Oitavo surto
O sumiço, **89**

Segundo surto
O discurso do Sineiro, **27**

Terceiro surto
O conto do Padeiro, **37**

Sexto surto
O sonho do Advogado, **71**

ESCRITO PARA UMA CRIANÇA QUERIDA:
EM LEMBRANÇA DAS HORAS DOURADAS
E DOS SUSSURROS DO MAR DE VERÃO

Garbosa, ataviada de menino em prova viril,
    Ela, ávida, desembainha a espada: mas também adora
Repousar no colo amigo, querendo ouvir as mil
    Trovas que ele, de tanto contar, decora.

Rudes espíritos da rusga raivosa,
    Únicos a não ver nela sereia,
Digam, se ousarem, que a vida desperdiço nessas horas,
    Esvaziadas de todo deleite!

Conversa, doce Donzela, e salva do tédio das
    Horas aqueles que por prudência perderam a esperança!
Ah, feliz daquele que a mais terna alegria
    Tem: o amor do coração de uma criança!

Afastem-se, tenras ideias, não me avexem!
    Um trabalho me exige noites e dias acordado –
Ainda que belas lembranças do Sol na praia
    Insistam em assombrar meu olhar sonado!

Prefácio
Lewis Carroll

Se – e isso é algo incrivelmente possível –
a acusação de escrever coisas sem sentido pudesse jamais ser levantada contra o autor deste breve porém instrutivo poema, seria com base, estou convencido, no verso:
 "E o gurupés se confundiu com o leme"
Tendo em vista essa dolorosa possibilidade, não irei (coisa que poderia) apelar indignado para os meus outros escritos como prova de que sou incapaz de tal proeza: não irei (coisa que também poderia) apontar para o forte propósito moral deste poema em si mesmo, para os princípios aritméticos cuidadosamente inculcados nele, ou para as nobres lições de História Natural – vou tomar a medida mais prosaica de simplesmente explicar como isso aconteceu.

O Sineiro, que era quase morbidamente sensível às aparências, costumava retirar o gurupés do navio uma ou duas vezes por semana para renovar o verniz, e isso aconteceu mais de uma vez, quando chegava a hora de colocar de volta o gurupés no lugar, ninguém mais no navio se lembrava de que lado do navio ficava o gurupés. Sabiam que não adiantava nada recorrer ao Sineiro nesse caso – ele simplesmente citaria o Código Naval, lendo em tom patético as Instruções do Almirantado, que nenhum deles jamais conseguiu entender – de modo que geralmente o gurupés acabava sendo amarrado, de qualquer jeito, atravessado no leme.

O Capitão* costumava ficar com lágrimas nos olhos; sabia que estava tudo errado, mas fazer o quê? Regra 42 do Código: "Ninguém deve dirigir a palavra ao capitão", que era completada pelo próprio Capitão com as palavras "e o capitão não dirigirá a palavra a ninguém". De modo que era impossível protestar, e não se podia usar o leme até o próximo retoque do verniz. Durante esses intervalos intrigantes o navio costumava navegar para trás.

Na medida em que este poema até certo ponto está ligado ao do Jaguadarte, deixe-me aproveitar esta oportunidade para responder a uma pergunta que muitas vezes me fazem: como pronunciar "slithy toves". O "i" de "slithy toves" é longo, como em "writhe"; e "toves" é pronunciado de maneira a rimar com "groves". Mais uma vez, o primeiro "o" em "borogoves" é pronunciado como o "o" em "borrow". Ouvi dizer de pessoas que tentaram dar o som do "o" em "worry". Tamanha é a Perversidade Humana.

---

* Esse posto era geralmente também assumido pelo Engraxate, que encontrava ali refúgio das queixas constantes do Padeiro sobre a graxa insuficiente em seus três pares de botas.

Esta me parece também uma ocasião oportuna para indicar as outras durezas nesse poema. A teoria de Humpty Dumpty, dos dois sentidos embalados numa única palavra como um amálgama, uma palavra-valise, parece-me a explicação correta para tudo.

Por exemplo, pegue as duas palavras "fuming" e "furious". Tenha em mente que você terá de dizer ambas as palavras, mas deixe em aberto qual dirá primeiro. Agora abra a boca e fale. Se os seus pensamentos se inclinarem ainda que minimamente para "fuming", você dirá "fuming-furious"; se se voltarem, mesmo que por um fio de cabelo, para "furious", você dirá "furious-fuming"; mas se você tiver o mais raro dos dons, uma mente perfeitamente equilibrada, você dirá "frumious".

Supondo isso, quando Pistol pronunciou as conhecidas palavras – Sob qual rei, seu Bezonian, seu vagabundo? Fale ou morra", o juiz Shallow tinha certeza de que era ou William ou Richard, mas não havia sido capaz de decidir qual dos dois, de modo que não teria a menor possibilidade de dizer um nome depois do outro, pode-se aventar que, em vez de morrer, ele teria dito ofegante: "Rilchiam!".

Primeiro surto
O desembarque

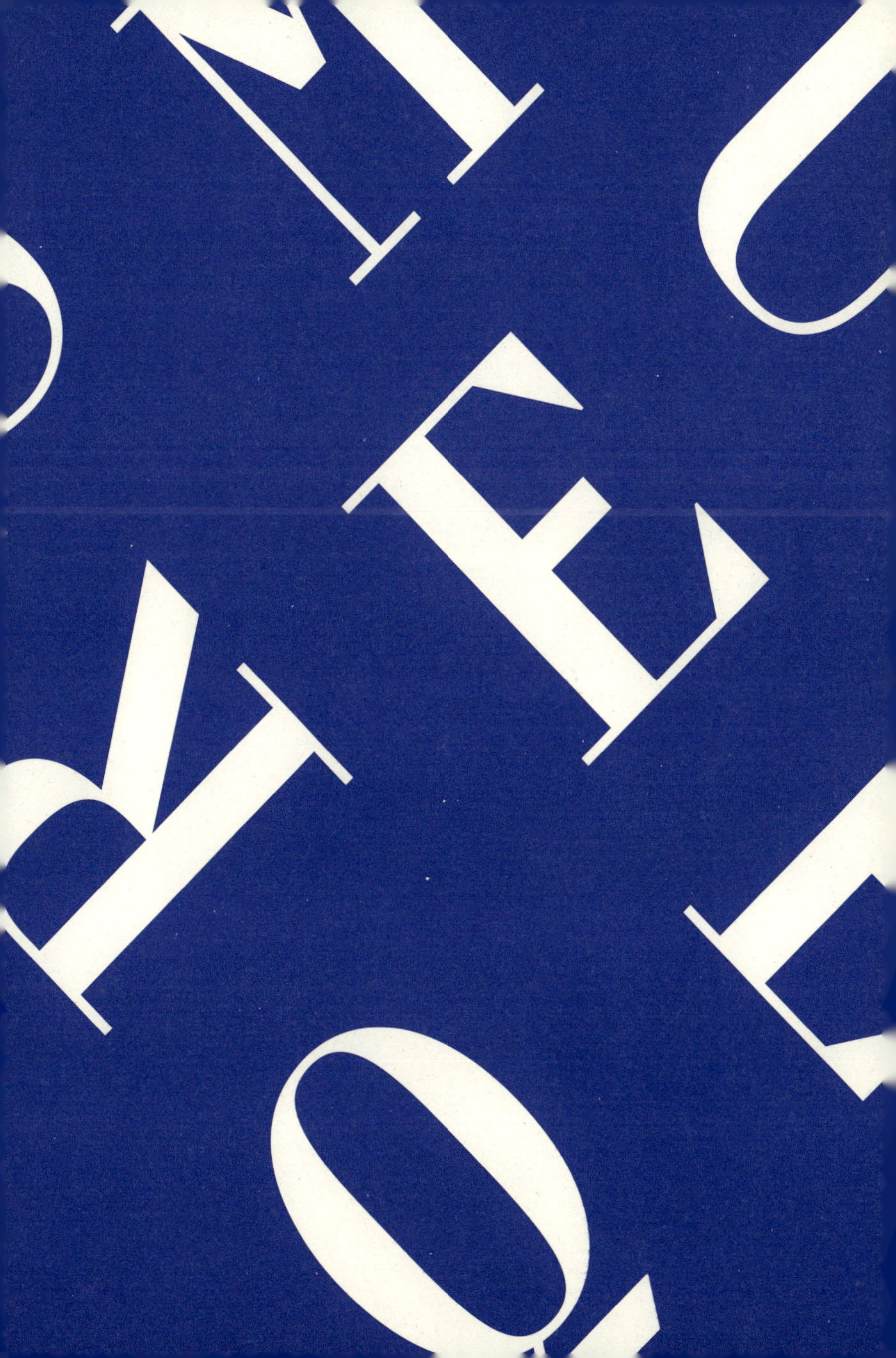

1

"Bom lugar para um Esnarque!", o Sineiro gritou no
    desembarque,
    Trazendo à terra seus homens com zelo;
Carregando-os por sobre as ondas
    Com os dedos enlaçados nos cabelos.

"Bom lugar para um Esnarque!, duas vezes eu digo:
    Seria o bastante para a tripulação.
Bom lugar para um Esnarque!, três vezes, repito:
    E o que eu digo três vezes é bom."

A trupe completa incluía um Alfaiate,
   Um Alfaiate e um Chapeleiro ou Engraxate –
Um Corretor, exímio avaliador –
   E um Advogado, contra qualquer disparate.

Um Sinuqueiro, muito trambiqueiro,
   Que ganhava mais que os outros –
E mais um Banqueiro, que, por muito dinheiro,
   Cuidava da grana de todos.

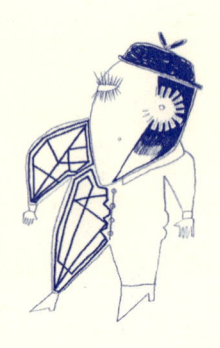

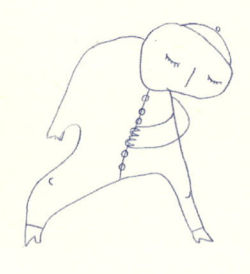

Havia também o Castor, que passeava ao redor,
  Ou sentado fazia crochê:
Que muitas vezes de naufrágios os salvou,
  Embora ninguém mais lembrasse por quê.

Um ficou famoso pelo tanto de coisas
  Que ao embarcar esqueceu;
Guarda-chuva, relógio, joias e roupas,
  E tudo que havia de seu.

Quarenta e duas caixas, tudo empacotado,
  Com seu nome escrito nelas:
Mas se esquecera de pedir que as embarcassem,
  E foram deixadas em terra.

A perda das roupas pouco importou, porque
   Ao chegar sete casacos trajava,
E três pares de botas – mas o pior foi que:
   Nem de seu nome agora lembrava.

Respondia a um "Psiu!" ou qualquer outro grito,
   De "Putz grila!" a "Fala, mano!",
De "Chama ele aí!" ou "Cadê o Coiso?",
   Mas, sobretudo, atendia por "Fulano".

Mas a quem preferisse um nome mais duro,
   Ele tinha outros bem diferentes:
Para os íntimos, "Pavio Curto",
   Aos inimigos, "Queijo Quente".

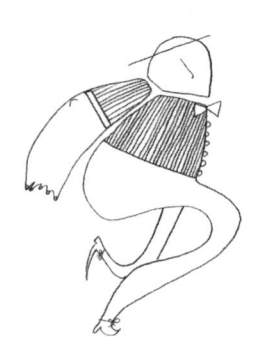

"Aparência esquisita – intelecto escasso –"
   (Assim o Sineiro o retrata)
"Mas coragem perfeita! É o mais necessário,
   Quando do Esnarque se trata."

Esnobava as hienas, encarando sem pena,
   Balançando a cabeça, dizia "Com a breca!",
De braço dado com um urso pardo:
   "Nunca deixe cair a peteca!".

Chegou como Padeiro: mas só contou mais tarde –
   Deixando o Sineiro quase demente –
Só fazia uns brioches sofisticados,
   Dos quais não havia ingredientes.

O último deles merece destaque,
    Embora parecesse um otário:
Era tão obstinado pelo "Esnarque",
    Que na hora foi contratado.

Se dizendo Açougueiro, falou bem sério,
    Com uma semana no mar:
Só matava Castores, assustando o Sineiro,
    Que mal conseguiu falar:

Com voz trêmula, disse, aos pouquinhos,
    Só haver um Castor no navio;
Era o seu, um bem mansinho,
    Que jamais deixaria ferir.

O Castor, que tudo ouvira por acaso,
  Protestou, com os olhos tristonhos:
Nem mesmo a tal caça ao Esnarque
  Justifica um descuido tamanho!

Propôs ao Sineiro que embarcasse o Açougueiro
  Em outro navio separado:
Mas jamais concordaria – deixou claro o Sineiro –
  Com tais planos de viagem:

Navegar era difícil, navegar era uma arte,
  Inda mais com outro barco e sino:
E devia realmente evitar, de sua parte,
  Levar outro bote consigo.

Ao Castor só restava tentar arranjar
   Um casaco à prova de facas –
O Padeiro então sugeriu lavrar
   Um seguro em Cartório de notas:

Sugeriu o Banqueiro, alugar ou vender:
   "Compre se tiver juízo!"
Excelentes apólices: Contra Incêndios,
   E também Contra Granizo.

Então desde aquele triste dia,
   Sempre que o Açougueiro estava ao lado,
O Castor se constrangia,
   E se virava incomodado.

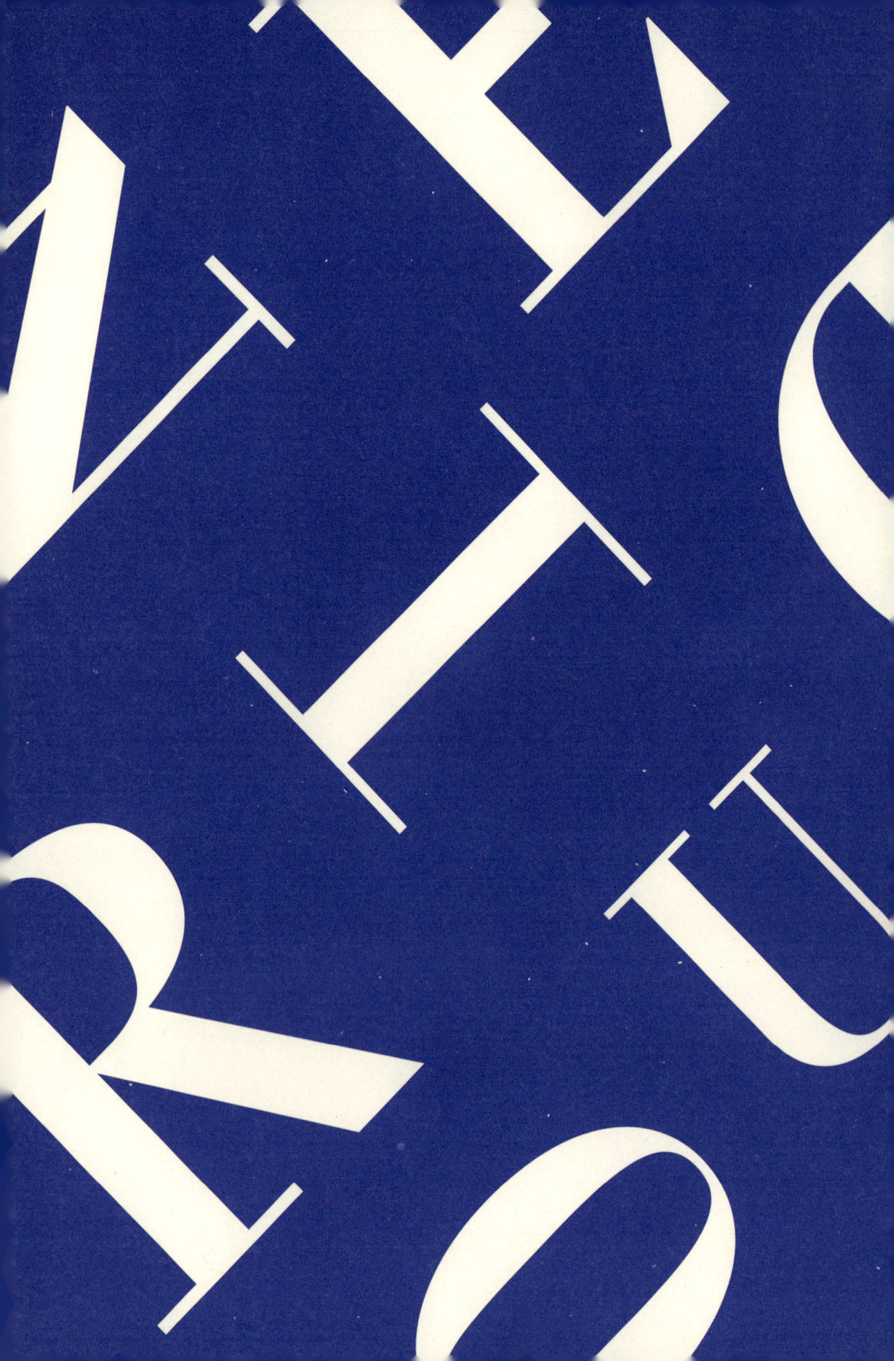

Segundo surto
O discurso do Sineiro

2

Ao Sineiro elogiavam
   A postura, elegância e graça:
Que solenidade, que sujeito sábio,
   Ele era o orgulho da raça!

Trouxera consigo um mapa do mar
   Sem nenhum traço de terra
E ficou contente a trupe ao notar
   Que podia entender o que era.

"De que valem Polos Nortes, Equadores de Mercator,
   Trópicos, Zonas e Marcações?"
O Sineiro grita: e seus homens matracam:
   "Não passam de convenções!"

"Há mapas com formas, com cabos e ilhas!
   Mas graças ao bom Capitão",
Diziam os homens: "Que maravilha!
   O nosso é todo em branco!".

Tinha lá sua graça: mas logo iriam notar
   Que o Capitão em quem confiavam
Não tinha a mais vaga noção de mar,
   Além de seu sino, que tocava.

Era respeitável – mas as ordens a bordo
   Deixaram todos perplexos,
Quando gritou: "A boroeste, mas a proa a bombordo!" –
   O que fazer numa hora dessas?

Então o gurupés se confundiu com o leme:
  Coisa comum, o Sineiro destaca,
De ocorrer nos climas mais quentes
  Quando um barco, digamos, "esnarca".

Mas o pior foi a navegação,
  Já que o Sineiro esperava, agoniado,
Que quando o vento soprasse numa direção
  O navio não fosse para o outro lado.

Mas o perigo passou e afinal desembarcaram
  Com suas caixas, valises e malas:
A princípio não gostaram da paisagem
  Que consistia de penhascos e valas.

O Sineiro, notando que o moral ia baixo,
    Repetia, em tom musical,
Piadas guardadas para as horas cabisbaixas,
    Mas a todos só fazia bocejar.

E serviu fartamente licor e aguardente,
    Pediu que sentassem na praia:
De pé declamou seu discurso à sua gente,
    E todos ouviram sua fala.

"Amigos, romanos, patrícios, ouçam-me com atenção!"
    (Adoravam essas frases manjadas:
Erguem-lhe um brinde, e três vivas lhe dão,
    Enquanto ele serve outra rodada.)

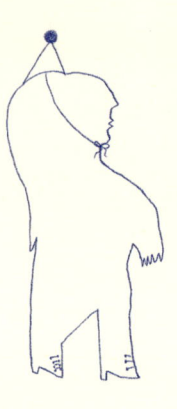

Navegamos muitos meses, navegamos por semanas
   (Quatro semanas por mês, há quem marque),
Mas até o momento (admite o Capitão)
   Nem sequer relance de Esnarque!

Navegamos por semanas, navegamos muitos dias
   (Sete dias por semana, eu assumo),
Mas do Esnarque, que tanto queremos,
   Não sabemos nem o rumo!

Ouçam-me, homens, que vou repetir
   Os cinco sinais incontestes:
Pelos quais poderão distinguir,
   Em qualquer parte, um legítimo Esnarque.

"Seguindo a ordem. Primeiro, o gosto,
   Insosso e oco, mas crocante:
Como um fraque justinho no corpo,
   Com um toque de Fogo-fátuo, insinuante.

"Sobre o costume de acordar tarde,
   Vamos combinar, ele é um acinte:
O café-da-manhã é na hora do chá,
   E o jantar, só no dia seguinte."

"Terceiro é a demora de entender as piadas.
   Se você arriscar qualquer chiste,
Ele bufa aflito, faz cara de bravo
   Mas não entende o trocadilho."

"Em quarto, o amor por Guarda-sóis
   Que sempre levam consigo,
 Crentes que embelezam tudo à volta,
   Sentimento que eu não compartilho."

"O quinto é a cobiça. Agora seria melhor
   Distinguir cada tipo em particular:
 Os que têm penas e mordem,
   Dos que têm bigode e podem arranhar."

"O Esnarque comum não faz nenhum mal,
   Mas ainda assim deve ser salientado:
 Alguns são Bujus...", e calou-se afinal,
   Pois o Padeiro caíra desmaiado.

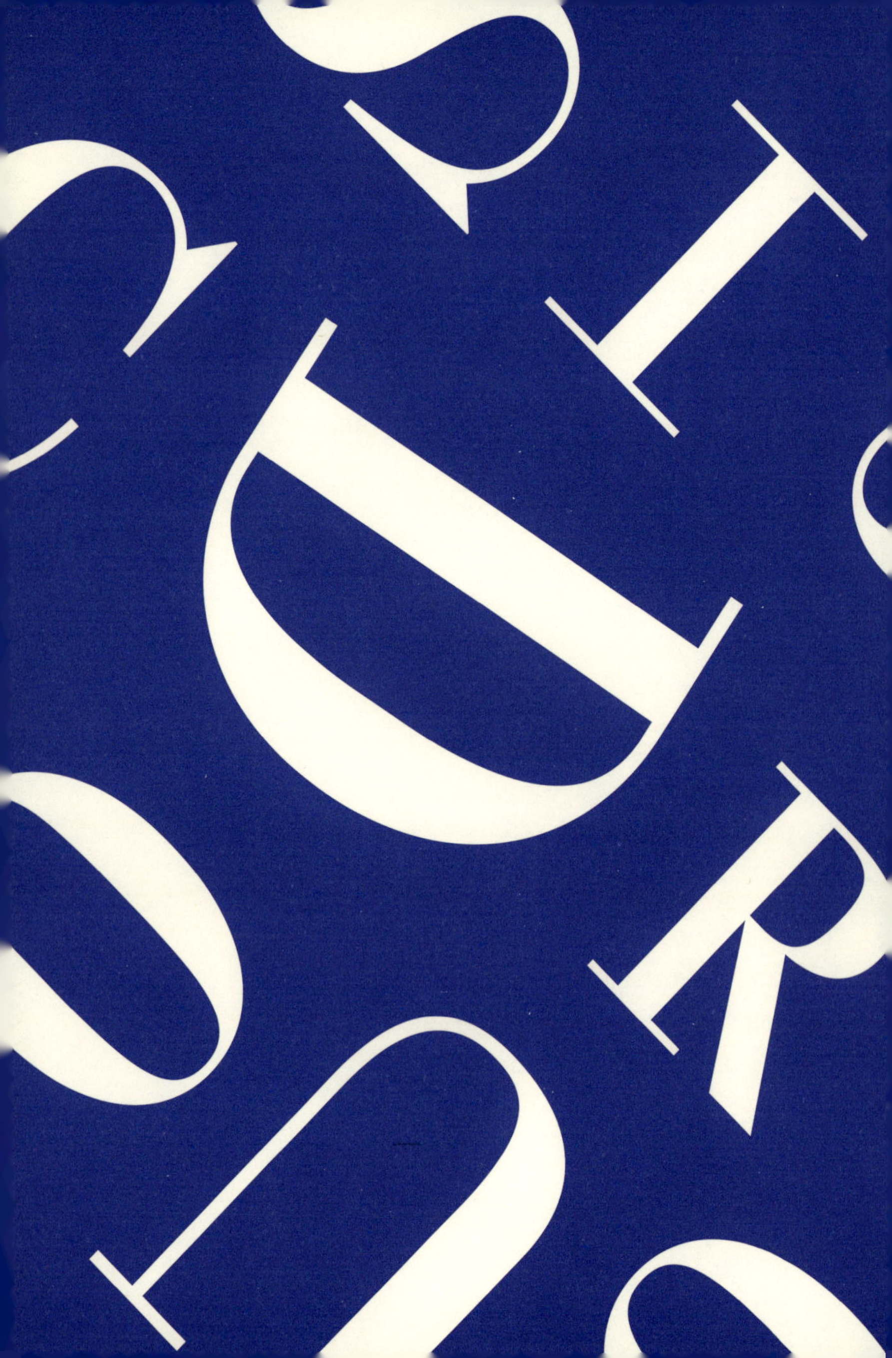

Terceiro surto
O conto do Padeiro

3

Despertaram-no com bolos – acordaram com gelo –
  Levantaram com mostarda e agrião –
À base de geleia e prudentes conselhos,
  Contaram-lhe charadas de salão.

Por fim, ele sentou e falar conseguiu,
  Triste história se pôs a contar:
E o Sineiro exclamou: "Psiu! Nenhum pio!"
  E exaltado começou a badalar.

Um silêncio supremo sem pio e sem grito,
  Nenhum uivo ou grunhido se ouvia
E o que chamavam de "Ei!" sua história, aflito,
  Contou com tom de profeta da Bíblia.

"Meu pai e minha mãe eram pobres mas honestos..."
  "Pule essa parte", apressou o Sineiro astuto,
"Não tem Esnarque depois que escurece –
  Não podemos perder um minuto!"

"Vou pular quarenta anos", disse aos prantos o Padeiro,
  "E seguir em frente sem nada comentar,
Até o dia em que embarquei no navio do Sineiro
  Para a caça ao Esnarque começar."

"Um tio muito querido (de quem sou xará)
  Comentou ao se despedir de mim",
"Oh, pule esse tio!", irritado a badalar,
  Exclamou o Sineiro enfim.

"Comentou comigo", disse o outro com mesuras,
    "Se for mesmo Esnarque, ótimo:
Traga para casa a todo custo – pode servir com
        verduras
    E é útil para riscar fósforo".

"Pode procurá-lo com dedais – com cuidado, persegui-lo,
    Pode caçá-lo com fé e facão –
Despertar sua cobiça com ações da ferrovia –
    Seduzi-lo com sorrisos e sabão."

("É exato esse método", o Sineiro atrevido
    Num parêntese apressado fez saber,
"Esse é o método mais conhecido
    Para a captura do Esnarque proceder!")

"Mas, radiante sobrinho, nem queira saber,
    Se o Esnarque for Buju! Pois aí dá tudo errado,
De repente você vai desaparecer,
    Para nunca mais ser encontrado!"

"É isso mesmo, é isso que minha alma gela,
   Quando lembro o que ele disse para mim,
 E o meu coração não passa de uma tigela
   Cheia até a borda de pudim!"

"Já sabemos, já sabemos" – "já deu para entender!",
   Disse o Sineiro indignado.
 E o Padeiro respondeu: "Vou dizer mais uma vez.
   É bem isso o que me deixa apavorado!

"Eu enfrento o Esnarque – toda noite no escuro –
   No sonho de uma luta delirante:
 Eu o sirvo com verduras nessas cenas obscuras
   E o utilizo para riscar fósforos;

"Mas se eu encontrar um Buju, nesse dia,
   Nesse instante (isso eu posso afirmar) –
 De repente eu vou sumir –
   E nisso não posso nem pensar!"

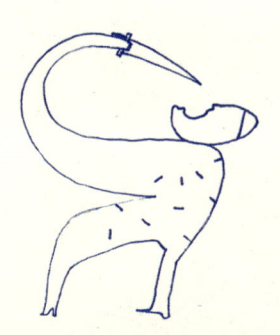

Quarto surto
A caça

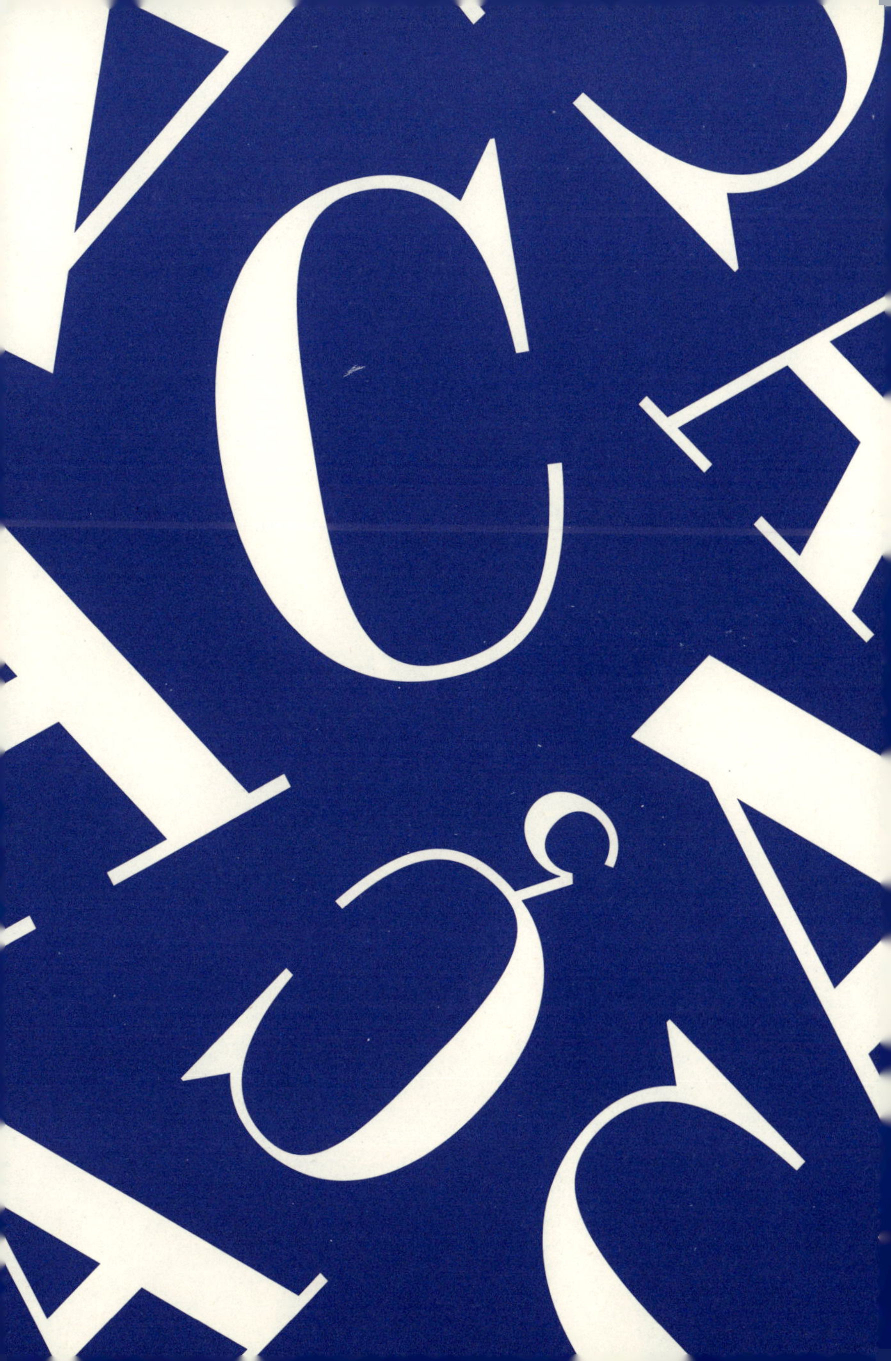

4

O Sineiro bem bravo franziu o cenho.
   "Você podia ter dito isso antes!
Dizer isso agora é bastante estranho,
   Com o Esnarque aí adiante!"

"Deveríamos lamentar, você deve achar,
   Se você não for mais encontrado –
Mas sem dúvida, rapaz, antes de começar
   Você podia ter comentado!"

"É muito esquisito dizer isso agora –
   Quero deixar em destaque."
E o que chamavam de "Oi!" respondeu num suspiro:
   "Mas eu falei na hora do embarque.

"Me chame de assassino – ou de sem-noção –
   (Todos temos algo errado):
Mas qualquer alusão a uma falsa pretensão
   Nunca foi dos meus pecados!

"Falei em hebraico – falei em flamengo –
   Falei em alemão e grego:
Mas já esqueci (o que muito me avexa)
   A língua em que você se expressa!"

"Que história triste", disse o Sineiro,
    Mais perplexo a cada momento:
"Mas agora que você confessou por inteiro,
    Seria inútil prosseguir o argumento.

"O resto da história" (explicou a seus homens)
    "Ouvirão quando for adequado.
 Mas o Esnarque está aí, vocês hão de convir!
    Sua missão gloriosa é buscá-lo!

"Procurá-lo com dedais – com cuidado, persegui-lo,
  Podemos caçá-lo com fé e facão –
Despertar-lhe a cobiça com ações da ferrovia –
  Seduzi-lo com sorrisos e sabão."

"Pois o Esnarque é criatura assaz peculiar,
  E não se deixa caçar de modo vulgar.
 Façam tudo o que sabem, tentem tudo o que não:
  Não deixem passar a ocasião!

"A pátria conta consigo – prosseguir não consigo:
  Essa máxima tremenda, mas banal:
Tragam tudo o que precisam consigo
  E preparem-se para lutar."

E o Banqueiro endossou cheque em branco (e cruzou)
   E moedas de prata por notas trocou.
O Padeiro penteou suíças e madeixas
   E dos seus casacos sacodiu a poeira.

O Engraxate e o Corretor afiavam uma espada –
   Girando uma pedra de amolar:
Mas o Castor, como se não fosse nada,
   Continuava a bordar:

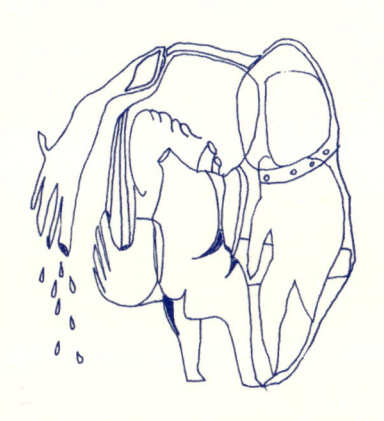

Tentando mexer com seus brios,
    Passou a citar, o Advogado, afinal,
Casos nos quais aqueles seus bilros
    Foram considerados infração penal.

O Alfaiate ferozmente planejava
    Um novo arranjo de laços:
E a ponta do nariz, de giz sujava
    O Sinuqueiro, com mão lassa.

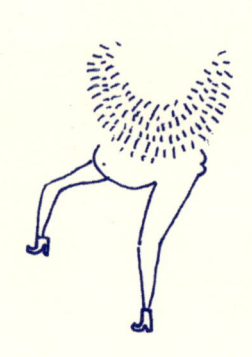

O Açougueiro, ansioso, chegou bem trajado,
    Com gola rufo e luvas de pelica –
Como se ele fosse sair para jantar,
    Ao que o Sineiro replicou "maricas".

"Apresente-me o Castor, parece ser legal;
    Se calhar de encontrarmos qualquer dia!"
E o Sineiro, sagaz, meneando falou:
    "Isso vai depender do clima".

O Castor ficou simplesmente galunfante
    Ao ver o Açougueiro acabrunhado:
E até o Padeiro, que era tapado e tosco,
    Tentou animá-lo piscando de lado.

"Seja homem", disse o Sineiro
    Ao ouvir o Açougueiro soluçar,
"Se encontrarmos um Jujubo, o pássaro louco,
    De toda força iremos precisar!"

Quinto surto
A lição do Castor

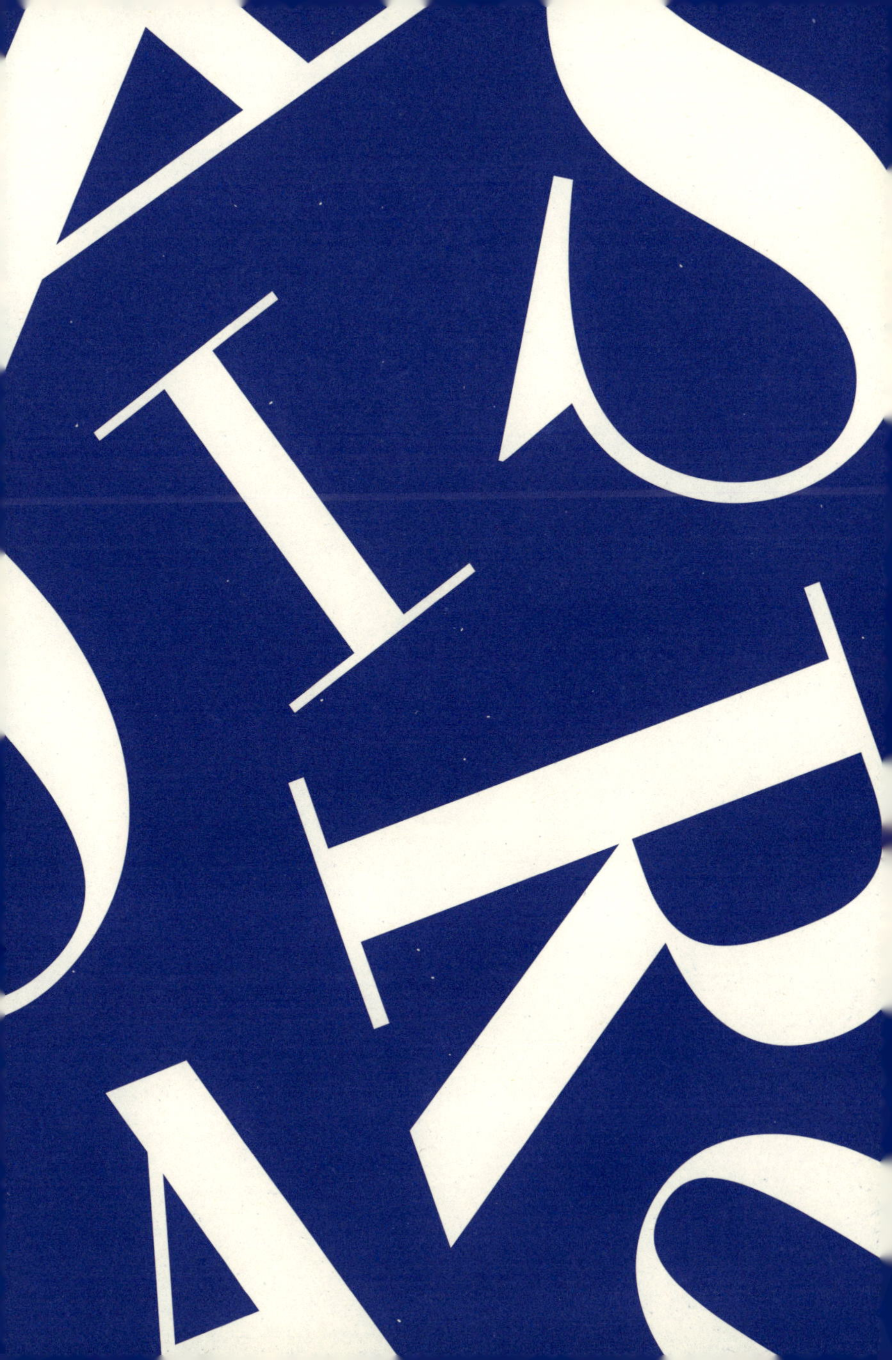

5

"Procuraram com dedais – com cuidado, perseguiram,
  Caçaram com fé e facão –
Provocaram sua cobiça com ações da ferrovia –
  Seduziram com sorrisos e sabão."

O Açougueiro veio com um plano engenhoso
  De sair a campo sozinho;
E escolheu um lugar aonde ninguém ia,
  Um vale desolado e sombrio.

Mas o mesmo plano ao Castor ocorreu:
   Escolheram o mesmo lugar;
Mas nenhum revelou, por palavra ou sinal,
   Desgosto ao se encontrar.

Só pensa em 'Esnarque', pensava um do outro,
   E na gloriosa tarefa do dia;
Ambos fingiam que não percebiam
   Que para o mesmo lado iam.

O vale foi ficando cada vez mais estreito
   E a noite, escura e gelada,
Até que (por nervoso, não por vontade)
   Marchavam os dois lado a lado.

Um grito estridente no céu tremulante,
   O perigo iminente se mostrou:
O Castor ficou branco, de cabo a rabo,
   E até o Açougueiro amarelou.

Lembrou da infância, há muito passada –
   Quando era inocente e feliz –
Aquele som que relembrava
   Alguém que na lousa risca um giz.

"É o som do Jujubo!", de repente exclamou.
   (Aquele a quem chamavam "Jumento".)
"Como o Sineiro diria", orgulhoso citou,
   "Já demonstrei tal sentimento."

"É o som do Jujubo! Não perca a conta, eu lhe peço,
  Veja que eu já disse duas vezes.
É a canção do Jujubo! A prova está completa,
  Pois agora já disse três vezes."

O Castor contou com todo cuidado,
  Muito atento a cada palavra:
Mas se apavorou e grinchou tresloucado,
  Na terceira vez que o "otário" falara.

Sentiu que apesar dos possíveis poréns
  De alguma forma ele perdera a conta,
E só lhe restava juntar os miolos,
  Totalizando a monta.

"Dois mais um – se eu pudesse fazê-lo",
  Disse o Castor, "com dedos e um polegar!",
Lembrando-se aos prantos de anos passados
  Quando ainda era bom em contar.

"Isso pode ser feito, com certeza.
 Isso deve ser feito, vamos lá!
Isso há de ser feito! Traga papel e caneta,
 Melhor sentar, porque vai demorar."

O Castor trouxe canetas e blocos de notas,
 Em quantidades redobradas:
Enquanto estranhas criaturas saíam de suas tocas,
 E os observavam intrigadas.

Absorto, o Açougueiro nem lhes deu atenção,
  Com uma caneta em cada mão, a escrever,
De um jeito simples, uma explicação
  Que até o Castor conseguisse entender.

"Pegue o Três, por exemplo – vamos contar –
  Um número conveniente –
E somar Dez mais Sete, depois multiplicar
  Por Mil subtraído de Oito,

"Dividamos a seguir o que temos calculado
    Por Novecentos e Noventa e Dois:
 Subtraia Dezessete e o resultado será dado
    Exato e perfeito depois.

"O método usado, talvez lhe forneça,
    Pois ainda está fresco em minha mente,
 Mas não tenho tempo, nem você, cabeça –
    E muito ainda temos pela frente.

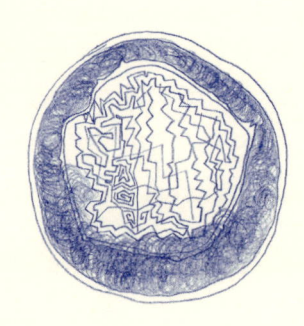

"Num instante vi o que até então
    Estava oculto em mistério total,
E, sem cobrar nada, dou de mão-beijada
    Uma aula de História Natural."

Com seu jeito simpático, desatou a falar
    (Desprovido de qualquer propriedade,
Foi dando instrução, sem introdução,
    Algo que agitaria a Sociedade),

"O Jujubo é, por natureza, um pássaro em desespero,
   Pois vive eternamente apaixonado:
 Seu gosto para roupas é um exagero –
   Para a época, é bem avançado:

"Mas quem o conhece, de uma coisa não se esquece:
   Ele nunca aceitou propina:
 Em evento beneficente, fica na porta;
   E coleta – mas não assina.

"O Jujubo cozido é muito melhor
   Que carneiro, ostras ou ovos:
 (Alguns preferem conservá-lo em marfim,
   Outros, em barris de mogno:)

"Cozinhe na serragem: salgue com cola:
   Engrosse com grilos e tripas:
 Sem se esquecer do mais importante –
   Preservar-lhe a simetria."

O Açougueiro empolgado poderia falar mais,
    Mas a Aula fora longa e já era muito tarde,
E comovido passou a mostrar ao Castor
    O quanto gostava de sua nova amizade.

O Castor confessou, embevecido,
    Com a voz eloquente em seu pranto:
Aprendera em dez minutos mais que todos os livros
    Poderiam ensinar-lhe em setenta anos.

Açougueiro e Castor voltaram de mãos dadas,
   E o Sineiro quando os viu disse emocionado,
"Isso em muito supera as horas agitadas
   Que passamos no oceano conturbado!"

Amigos assim, como ficaram depois,
   Existem poucos iguais,
Inverno ou verão, estavam sempre os dois –
   Sozinhos, nunca mais.

E quando brigavam – e brigas
   Acontecem infelizmente –
A canção do Jujubo lhes vinha à lembrança,
   Cimentando sua amizade eternamente!

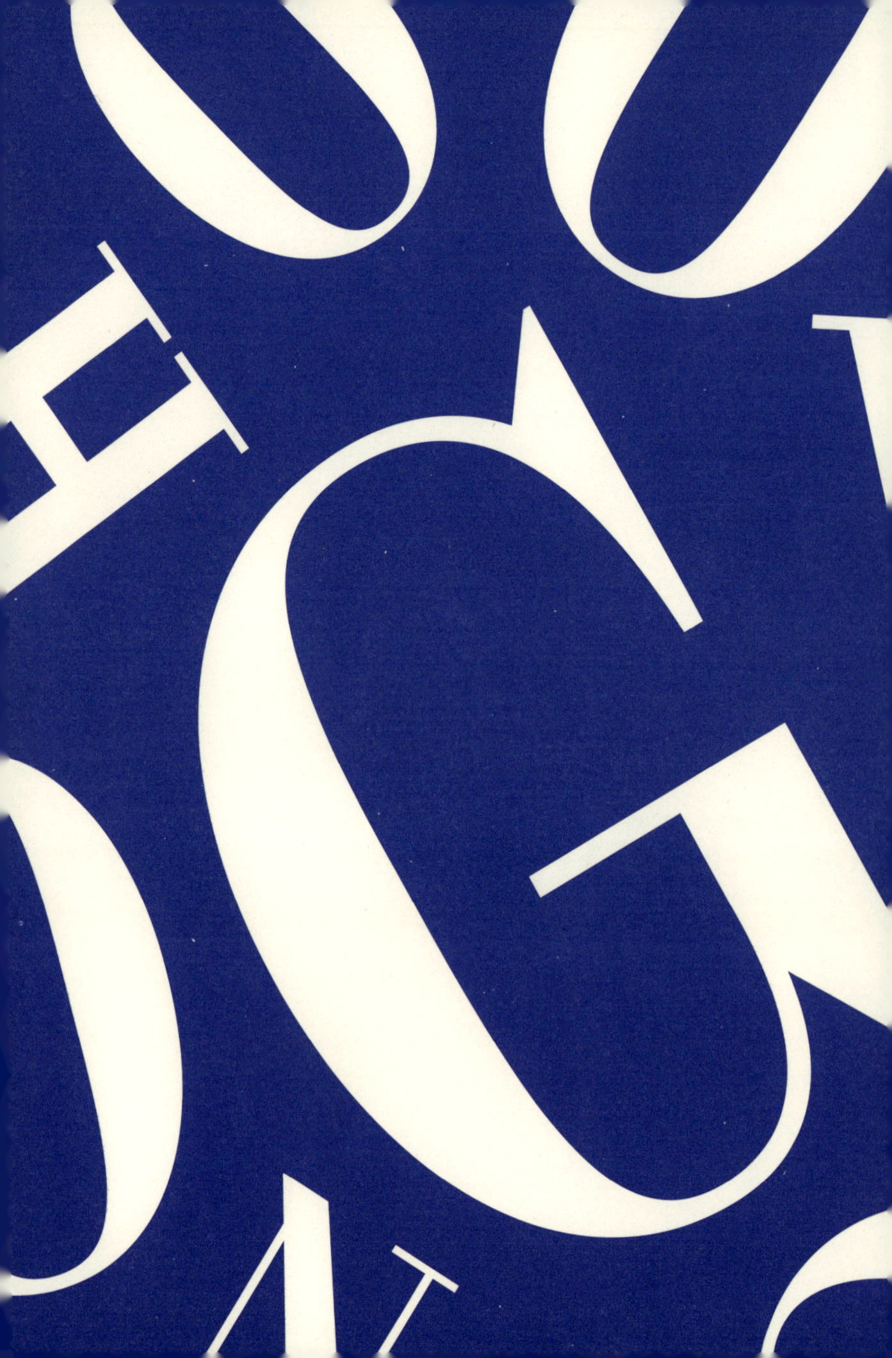

Sexto surto
O sonho do Advogado

6

Procuraram com dedais – com cuidado, perseguiram,
   Caçaram com fé e facão –
Despertaram sua cobiça com ações da ferrovia –
   Seduziram com sorrisos e sabão.

Quando o Advogado cansou de falar
   Que os babados do Castor eram errados,
Pegou no sono e viu ao sonhar
   A criatura que o havia encantado.

Sonhou que estava numa Corte sombria,
   Onde o Esnarque de peruca, toga e laço,
E monóculo, um porco defendia
   De haver seu chiqueiro abandonado.

As Testemunhas provaram, sem sombra de dúvida,
   Que encontraram o chiqueiro abandonado:
E o Juiz explicou os detalhes da lei
   Num suave lenga-lenga murmurado.

Não ficou bem clara a acusação,
   Parecia que o Esnarque mal havia começado,
Mas já falava há três horas, sem ninguém ter noção
   Daquilo de que o porco era acusado.

Cada um dos Jurados já tinha sua opinião
   (Antes que a acusação fosse lida),
Falavam ao mesmo tempo, em confusão,
   Ninguém entendia o que outro dizia.

"Vocês não sabem...", disse o Juiz: mas o Esnarque
    fez: "Shh!
   Esse estatuto já não mais valia!
Amigos, entendam, que tudo depende
   De um antigo direito de família."

"Quanto à Traição, o porco teria ajudado,
   Mas não foi por ele promovida:
E a Insolvência, portanto, prescreveria
   Se assumirmos que foi 'sem dívida'.

"Quanto à Deserção, nem tem discussão:
   Mas a culpa, neste caso, eu desfaço
(No tocante ao custo que esta toga me outorga)
   Pelo Álibi dessa sorte comprovado.

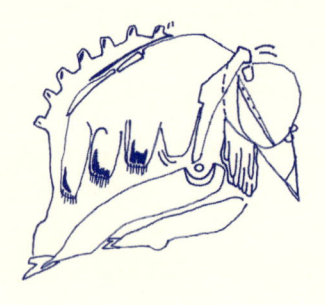

"O destino do réu depende de seus votos."
    Então o Esnarque voltou para o seu lado,
Instruiu o Juiz que consultasse suas notas
    E logo somasse os votos do caso.

Mas o Juiz nunca tinha feito isso antes;
    Então o Esnarque deu conta do recado,
E somou tão bem que deu muito mais
    Do que as testemunhas tinham contado!

Perguntado o veredito, o Júri se calou,
    Sem saber como soletrá-lo;
E pediram ao Esnarque, que não se importou
    De quebrar mais esse galho.

Então o Esnarque o veredito leu,
   Encerrando um longo dia de trabalhos:
Quando disse "CULPADO!", o Júri gemeu
   E alguns até caíram desmaiados.

Então o Esnarque declarou a sentença,
   Pois o Juiz ficara mudo de nervoso:
Ao se pôr de pé, fez-se um noturno silêncio:
   E um alfinete caindo seria ruidoso.

"Exílio perpétuo", foi a sentença dada,
   "E depois multa de quarenta reais."
Os Jurados deram vivas, mas o Juiz duvidava
   Que os termos soassem legais.

Mas a louca euforia passou, de repente,
   Quando o carcereiro disse, aos prantos,
Que a sentença não faria a menor diferença,
   Pois o porco estava morto há muitos anos.

O Juiz deixou o Tribunal muito aborrecido,
   Mas o Esnarque, ainda que um tanto perplexo,
Enquanto advogado de defesa instituído,
   Continuou vociferando palavras sem nexo.

Assim era o sonho do Advogado,
   Enquanto aumentava a barulheira:
Até que acordou com o som de um sino badalado
   Que o Sineiro soava em sua orelha.

Sétimo surto
A sina do Banqueiro

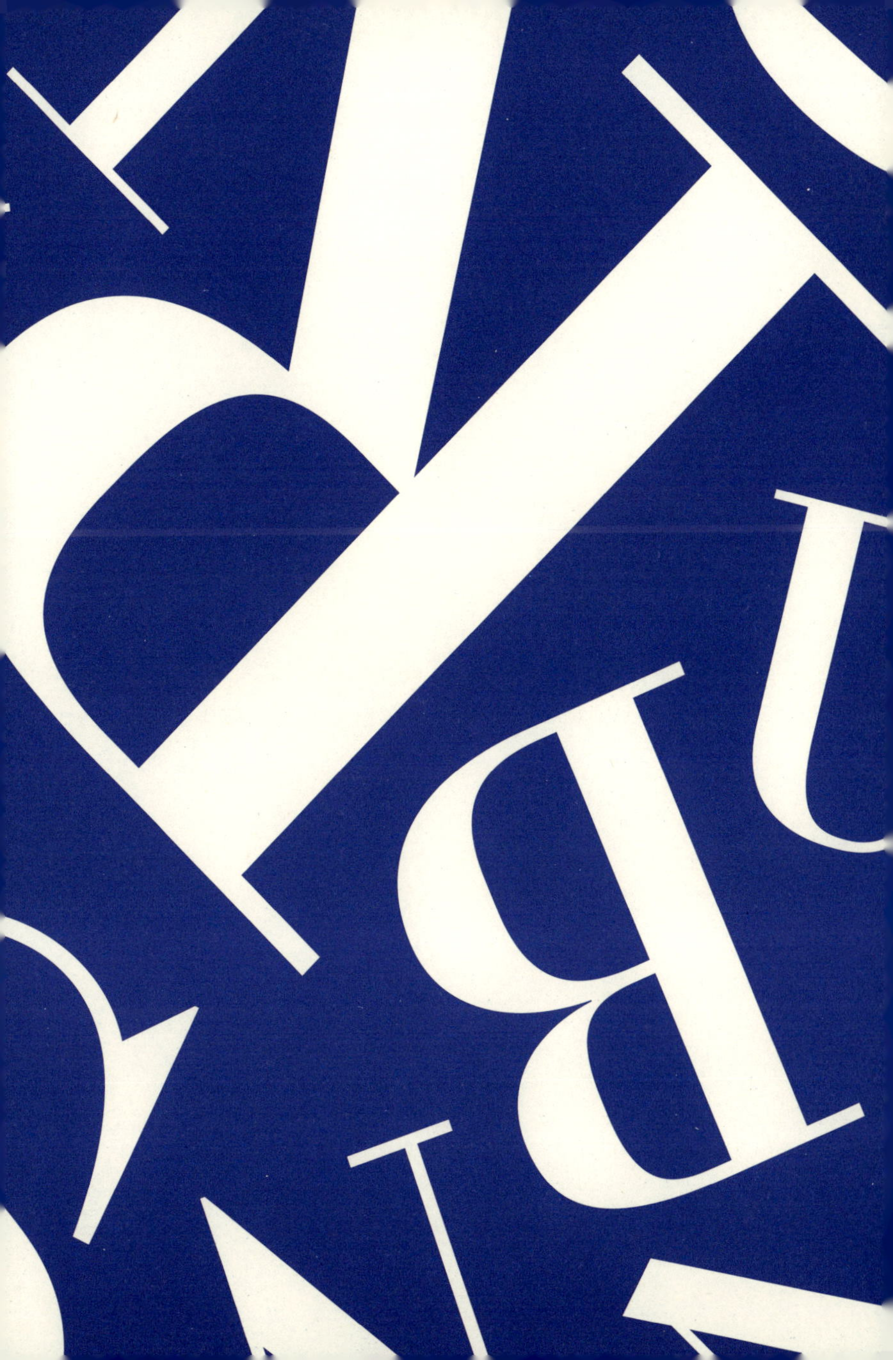

7

Procuraram com dedais – com cuidado, perseguiram,
   Caçaram com fé e facão –
Despertaram sua cobiça com ações da ferrovia –
   Seduziram com sorrisos e sabão.

O Banqueiro, inspirado por coragem nunca vista,
   Depois foram todos comentar que,
Loucamente, avançou e sumiu de vista,
   Na ânsia de encontrar o Esnarque.

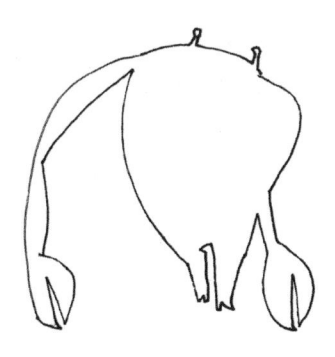

Mas enquanto buscava com dedais e cuidado,
  Um Bandernete sorrateiro viu surgir,
E agarrou o Banqueiro, que gritou de desespero,
  Pois sabia que não adiantava fugir.

Ofereceu desconto – ofereceu um cheque
  ("Ao portador", escrito), setecentas pratas,
Mas não convenceu o Bandernete,
  Que agarrou o Banqueiro de graça.

Sem parar um instante, a bocarra furigante,
  Animalesca, tentava abocanhá-lo –
O Banqueiro pulou, patinou, tropicante,
  Até cair no chão desmaiado.

O Bandernete fugiu quando os outros chegaram:
   Atraídos pelo grito de horror:
E o Sineiro comentou: "Era o que eu temia!"
   E solenemente seu sino tocou.

O rosto todo sujo, nem lembrava o dito cujo,
   Os amigos mal puderam reconhecer,
O susto foi tanto que seu colete ficou branco –
   Coisa linda de se ver!

Para o espanto de todos presentes no dia,
   Levantou-se vestido para um jantar de gala,
E com caretas sem sentido ainda dizia
   O que sua língua já não expressava.

Afundou na cadeira, pôs a mão na cabeleira,
  E falou com voz desgrafraca
Coisas cuja pequenez provavam sua insensatez,
  Enquanto um par de ossos chacoalhava.

"Deixem o maluco para trás – está tarde demais!"
  Pôs-se o Sineiro a exclamar que
"Perdemos do dia a metade, se deixarmos para mais tarde,
  À noite não se pega Esnarque!"

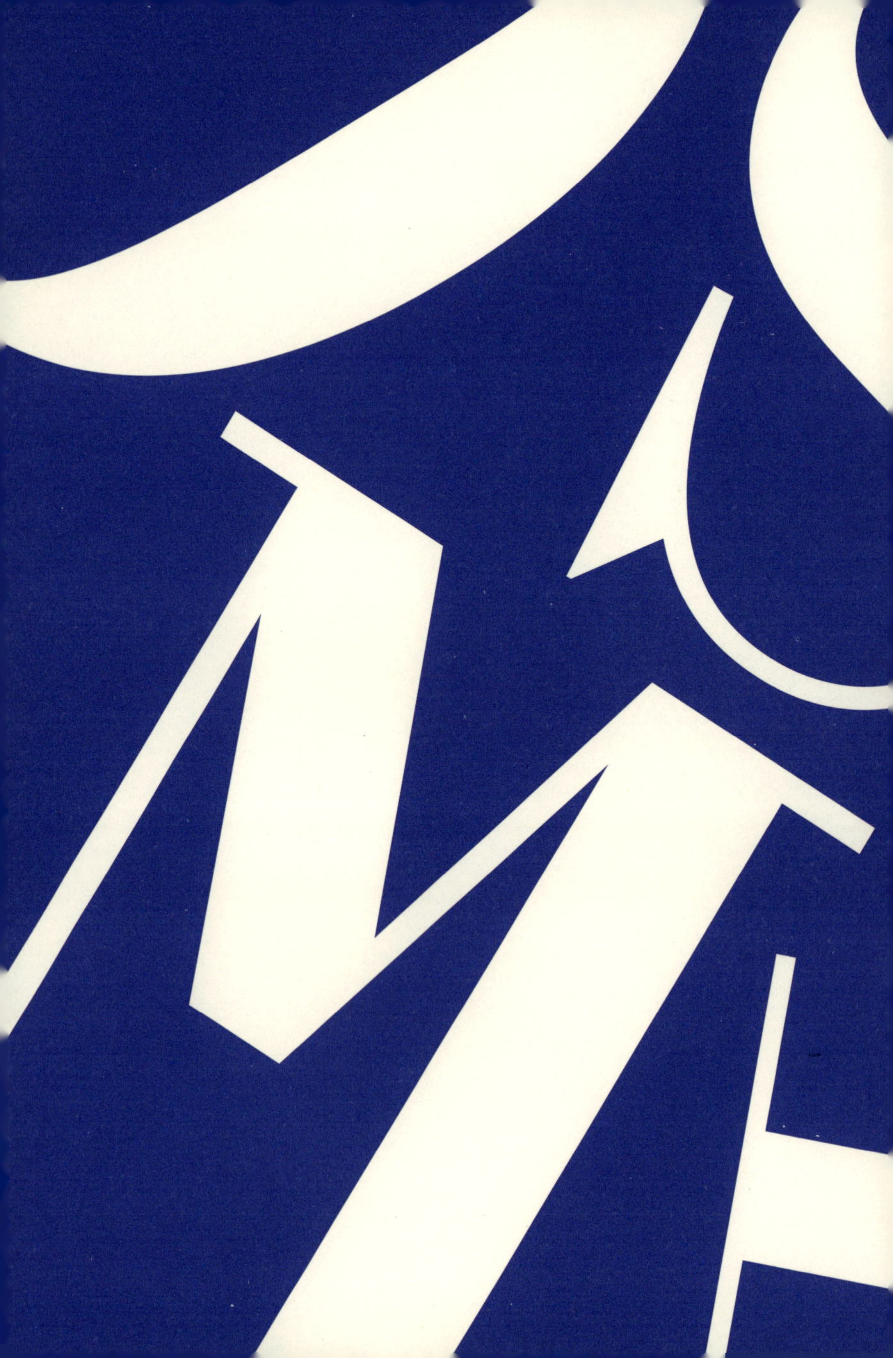

Oitavo surto

O sumiço

8

Procuraram com dedais – com cuidado, perseguiram,
   Caçaram com fé e facão –
Despertaram sua cobiça com ações da ferrovia –
   Seduziram com sorrisos e sabão.

Tremeram de pensar que a caça fracassasse,
   E o Castor excitado enfim
Foi pulando na ponta da cauda,
   Pois o dia chegava ao fim.

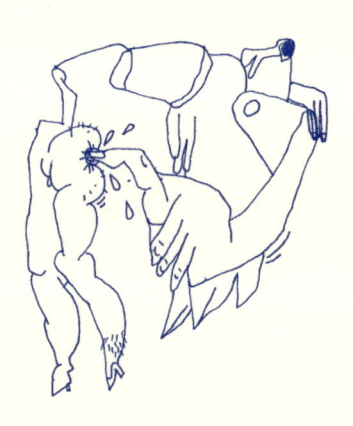

"É o Coiso gritando!", disse o Sineiro.
   "Grita feito louco, olha só que disparate!
Balançando a cabeça, alvissareiro,
   Decerto encontrou um Esnarque!"

E surpresos olharam, e o Açougueiro comentou:
   "Ele sempre foi doido varrido!"
E viram – seu Padeiro – seu herói anônimo –
   No topo de um penhasco vizinho,

Ereto e sublime, mas só por um instante.
   Aquela figura esquisita contemplaram
(Como que num espasmo) mergulhar no abismo,
   E eles parados, ouvindo, espantados:

"É um Esnarque!", foi a primeira coisa que ouviram,
   Se fosse, seria bom pra chuchu.
Seguiu-se uma torrente de risos e vivas:
   Então as nefastas palavras "É Bu..."

Então, silêncio. Alguns supuseram ouvir
   Um suspiro exausto e sonhador
Que soou como "... ju!", mas os outros disseram
   Ser apenas uma brisa que passou.

Caçaram até escurecer, mas sem encontrar
   Botão, pena, ou qualquer coisa que marque,
Que pudesse comprovar, que estavam no lugar
   Onde o Padeiro encontrara o Esnarque.

Na metade da palavra que tentava dizer,
 Em meio aos próprios risos e euforia,
Suave e subitamente desaparecera –
 Pois o Esnarque era Buju, quem diria?

FIM

Sobre a ilustradora
Gosia Bartosik nasceu na Polônia em 1986. Sua pintura é um panorama interior cheio de gritos, formas convulsivas, corpos, puxando o emaranhado de emoções e impulsos. Parece que a artista explora o espaço em uma fronteira entre o corpo e a psique, observa o mundo de um lugar onde as terminações nervosas tocadas explodem com experiências internas e não é claro, se de dor ou prazer. A voz de Gosia Bartosik não é completamente humana, é meta-espécies, manifesto universal do processo físico. A linguagem rápida e intensa desta arte, reportando cada contração súbita, também é surpreendentemente literal e simples.

Sobre os tradutores
Alexandre Barbosa de Souza nasceu no Brasil em 1972. Autor de livros como *Dix* e *Bisteca, Autobiografia de um super-herói* e *Livro geral*, tradutor de *Alice através do espelho*, *Drácula* e *Os livros da selva*, entre outros. Eduardo Brigagão Verderame também nasceu no Brasil, mas em 1971. Artista plástico, autor de *Histórias de igrejas destruídas*. Tiveram uma banda juntos, um fanzine, moraram juntos, e juntos traduziram *A bicicleta epiplética*, de Edward Gorey.

© 2016 Laranja Original Editora e Produtora Ltda
Todos os direitos reservados
www.laranjaoriginal.com.br

Editores:
Filipe Moreau
Jayme Serva
Miriam Homem De Mello

Tradução: Alexandre Barbosa de Souza e Eduardo Brigagão Verderame
Revisão: Bruna Lima

Capa e projeto gráfico: Ana Caruso e Arthur Vergani
Ilustrações: Gosia Bartosik
Produção executiva: Gabriel Mayor

Dados Internacionais de Catalogação na Publicação (CIP)
(Câmara Brasileira do Livro, SP, Brasil)

Carroll, Lewis, 1832-1898.
Caça ao esnarque: uma agonia em 8 surtos/
Lewis Carroll ; [tradução Alexandre Barbosa de
Souza e Eduardo Brigagão Verderame]. – São Paulo:
Laranja Original, 2016.
Título original: The hunting of the Snark [1876]

ISBN 978-85-92875-03-9

1. Literatura infantojuvenil 2. Literatura
nonsense 3. Poesia inglesa 4. Versos nonsense
ingleses I. Título.

16-06544 CDD-821

Índices para catálogo sistemático:
1. Poemas nonsense : Literatura inglesa 821

fonte TheW e Founders Grotesk Light
gráfica Laserpress